Table of Contents

Table of Contents

Table of Contents

Date:

Description:

Date:

Description:

Date:

Description:

Date:

Description:

Date:

Description:

Date:

Description:

Date: _____

Description: _____

_____

_____

_____

_____

_____

_____

_____

_____

_____

_____

_____

_____

_____

Date :

Description :

Date:

Description:

Date:

Description:

Date:

Description:

Date:

Description:

Date:

Description:

Date:

Description:

Date:

Description:

Date:

Description:

Date:

Description:

Date:

Description:

Date :

Description :

Date:

Description:

Date:

Description:

Date :

Description :

Date:

Description:

Date:

Description:

Date:

Description:

Date:

Description:

Date:

Description:

Date:

Description:

Date:

Description:

Date:

Description:

Date:

Description:

Date:

Description:

71

Date:

Description:

Date:

Description:

Date:

Description:

Date:

Description:

Date:

Description:

Date:

Description:

Date:

Description:

Date:

Description:

Date:

Description:

Date:

Description:

Date:

Description:

Date:

Description:

Date:

Description:

Date :

Description :

Date:

Description:

Date:

Description:

Date:

Description:

Date :

Description :

Date :

Description :

Date :

Description :

Date:

Description:

Date:

Description:

Date:

Description:

Date :

Description :

Date:

Description:

Date :

Description :

Date:

Description:

Date:

Description:

Date:

Description:

Date:

Description:

Date:

Description:

Date:

Description:

Date:

Description:

Date:

Description:

Date:

Description:

Date:

Description:

Date :

Description :

Date :

Description :

Date:

Description:

Date:

Description:

www.ingramcontent.com/pod-product-compliance
Lightning Source LLC
Chambersburg PA
CBHW081817220526
45472CB00006B/1713